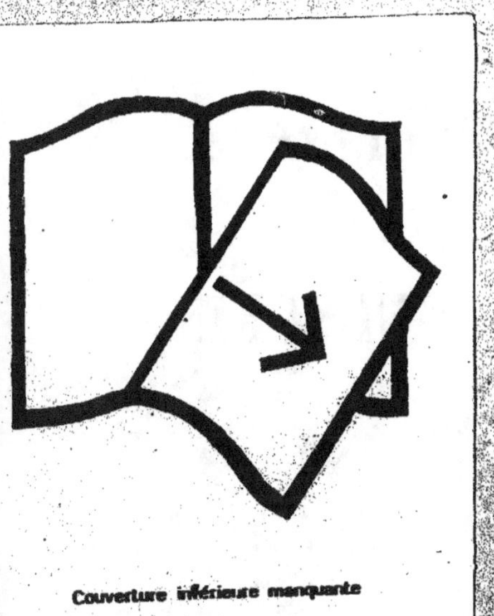

Couverture inférieure manquante

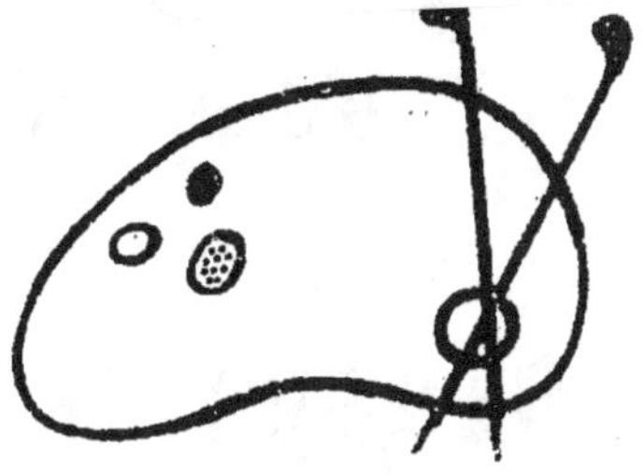

Début d'une série de documents
en couleur

LA DONATION

DU DUCHÉ DE MOLINA

A

BERTRAND DU GUESCLIN

PAR

ALFRED MOREL-FATIO

✳

Extrait de la *Bibliothèque de l'École des chartes*,
tome LX, 1899.

✳

PARIS

1899

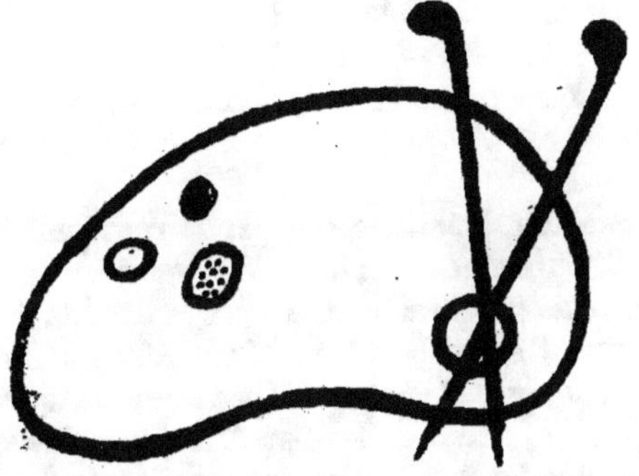

Fin d'une série de documents
en couleur

DONATION DU DUCHÉ DE MOLINA

A

BERTRAND DU GUESCLIN

La première donation faite par le roi Henri II de Castille à Bertrand Du Guesclin pour le récompenser de ses services fut celle du comté de Trastamara avec le titre de duc, qui date très probablement du mois d'avril 1366. Entré à Burgos le 5 avril, jour de Pâques[1], et couronné peu après, Henri II s'empressa d'octroyer des titres et des fiefs à tous ses fidèles, espagnols ou étrangers ; ce fut la première grande distribution de ces faveurs connues depuis dans l'histoire sous le nom de *mercedes enriqueñas* et que les rois, successeurs du prince prodigue, s'efforcèrent d'annuler en restituant peu à peu au domaine royal ce qui, dans ces temps critiques, en avait été indûment aliéné. Nous ne possédons pas l'acte de cette donation, mais d'une autre toute semblable faite à D. Pedro Manrique, grand *adelantado* de Castille, le 8 avril 1366[2], nous pouvons inférer que celle dont bénéficia Du Guesclin doit être de la même époque. Postérieure au privilège octroyé à D. Pedro Manrique, puisque, parmi les témoins qui signent cet acte, Du Guesclin n'y figure qu'avec les titres de « duque de Longavilla, vasallo del Rey, » elle est en tout cas antérieure au 26 janvier 1367, date d'un privilège de Henri II concédé à l'église de Ségovie, où Bertrand se nomme

1. *Memorial* de Gomez de Albornoz cité par D. Juan Catalina Garcia, *Castilla y Leon durante los reinos de Pedro I, Enrique II, etc.* Madrid, s. d., t. I, p. 336.
2. Luis de Salazar y Castro, *Casa de Lara, Pruebas,* p. 49.

« *duque de Trastamara*, conde de Longavilla, vasallo del Rey[1]. » Ce qui frappe dans cette première mercède de Henri II en faveur du capitaine français, c'est le titre de duc appliqué à l'ancien comté de Trastamara, qui, pendant le cours du xiv⁰ siècle, changea souvent de seigneur. Fief de D. Rodrigo II Alvarez de Asturias, seigneur de Noroña et père adoptif de Henri II[2], ce dernier en hérita et en porta le titre de comte jusqu'à sa proclamation à Calahorra, au mois de mars 1366 : « Fijo del muy noble rey D. Alfonso, conde de Trastamara, de Lemos et de Sarria, e señor de Noreña, etc., » c'est ainsi que se nomme le bâtard dans un acte du 28 novembre 1365[3]. De son côté, le roi légitime Pierre I⁰ʳ, quelques mois après le couronnement de son frère à Burgos, disposa du fief, le 27 juin 1366, en faveur de son grand maître D. Fernando de Castro[4]. Trastamara eut ainsi pendant quelque temps deux seigneurs à la fois : D. Fernando de Castro, au nom du roi légitime, avec le titre de comte, et Bertrand Du Guesclin, au nom du prétendant, avec le titre de duc. Ce dernier titre n'est pas admis d'ailleurs par tous les historiens ou les généalogistes. Salazar de Mendoza[5], entre autres, et Lopez de Haro[6] ne reconnaissent à Du Guesclin que celui de comte de Trastamara, s'appuyant sans doute sur le passage suivant de la chronique d'Ayala : « E dio (Enrique II) a Mosen Beltran de Claquin, « que era Breton, a Molina e diole mas el condado de Trastamara, « e mando que se llamase conde de Trastamara[7]; » mais il est évident que le chroniqueur s'est trompé, comme le prouvent et le privilège du 26 janvier 1367 cité ci-dessus et un autre document, signalé par S. Luce, dans lequel « Bertran Du Guesclin, *duc de Tristemare*, conte de Longueville, chambellan du roy, » s'engage à Bordeaux, le 27 septembre 1367, à payer trente mille doubles d'or pour le roi de France au prince de Galles[8]. Du Guesclin ne jouit pas longtemps du bienfait du roi Henri II ; la bataille

---

1. Diego de Colmenares, *Historia de Segovia;* Ségovie, 1637, p. 284.
2. Luis de Salazar y Castro, *Casa de Lara*, t. III, p. 71.
3. Catalina Garcia, *l. c.*, p. 319.
4. Catalina Garcia, *l. c.*, p. 472.
5. *Origen de las dignidades seglares de Castilla y Leon;* Madrid, 1618, p. 100.
6. *Nobiliario de los reyes y titulos de España;* Madrid, 1622, t. I, p. 31.
7. *Cronica del rey D. Pedro*, éd. Rivadeneyra ; ann. 1366, ch. 7.
8. Arch. nat., J 381, nᵒ 7. Voy. l'édition de Froissart de S. Luce, t. VI, p. LXXXVI.

de Nágera (3 avril 1367), perdue par ce souverain, et qui eut
pour conséquence la capture du capitaine français et son interne-
ment à Bordeaux, éloigna Du Guesclin d'Espagne pour environ
deux ans et le dépouilla de tout ce dont l'avait gratifié la faveur
royale. Il ne revint en Castille qu'après son rachat et à l'instiga-
tion du roi Charles V, au commencement de l'année 1369[1],
lorsque Henri II, rappelé aussi par ses partisans, se décida à
recommencer la lutte, qui, cette même année, devait trouver son
épilogue sanglant dans le meurtre de Montiel (22 ou 23 mars
1369).

L'aide prêtée par Du Guesclin au fratricide en cette tragique
journée appelait une récompense; Henri II ne renouvela pas au
capitaine la donation antérieure, — peut-être déjà alors réser-
vait-il le comté de Trastamara à son neveu D. Pedro, fils de l'infant Fadrique, qui en devint titulaire à partir de 1371, — il lui
donna ce qui lui avait été offert par un émissaire de Pierre le
Cruel, lorsque ce roi, enfermé dans le château de Montiel et se
sentant perdu, pensa corrompre Du Guesclin. Ayala raconte
qu'un chevalier du nom de Men Rodriguez de Senabria vint offrir
à Du Guesclin, s'il s'engageait à faire évader le roi, les villes de
Soria, Almazan, Atienza, Montagudo, Deza et Seron, avec deux
cent mille doubles d'or castillanes; que le capitaine repoussa
cette offre avec indignation, déclarant qu'il ne manquerait pas à
la foi jurée au roi Henri, et que celui-ci, informé de la loyauté de
son serviteur, lui dit qu'il lui « donnerait les villes que le roi
Pierre lui avait promises et aussi les doubles[2]. » Et Molina?
Molina est mentionné dans le privilège du 4 mai 1369, qui fait
l'objet de cette dissertation, et mentionné en premier lieu, avant
les autres villes de Soria, Almazan, Atienza, etc., ce qui pourrait faire supposer, si l'on ne possédait que ce privilège, que
Molina aussi paya l'acte de Montiel. Ce serait une erreur :
d'abord Ayala ne cite pas Molina parmi les villes offertes à Du
Guesclin successivement par les deux frères dans la circonstance
indiquée, puis l'on connaît un privilège en faveur de D. Gonzalo
Mexia, maître de l'ordre de Saint-Jacques[3], daté du siège de Mon-

---

1. Ayala, *Crónica de D. Pedro*; ann. 1369, ch. 1 et 5.
2. *Crónica de D. Pedro*; ann. 1369, ch. 8.
3. Résumé dans le *Bullarium ordinis militiae S. Iacobi*, Madrid, 1719, p. 335.
Je dois à l'obligeance de D. Juan Menéndez Pidal la copie, d'après l'original
des archives historiques de Madrid, des confirmants de ce privilège.

tiel, le 16 mars 1369, six ou sept jours avant la mort de Pierre, et où Bertrand intervient, avec d'autres riches hommes, comme « *duc de Molina*, conde de Longavilla, » preuve, à ce qu'il semble, que le premier titre lui avait été concédé depuis quelque temps déjà. Mais à quel moment? A en croire Ayala, la donation remonterait à l'année 1366 : « E dio a Mosen Beltran de Cla-« quin, que era Breton, *a Molina* et diole mas el condado de « Trastamara, » dit le passage de la chronique rapporté plus haut. Molina donc aurait accompagné la première donation, celle du comté de Trastamara. Jusqu'à preuve du contraire, nous tenons cela pour inexact et nous croyons qu'Ayala a confondu deux mercèdes d'époques distinctes. Il est bien plus vraisemblable d'admettre que Molina a été donné à notre Bertrand après sa rentrée en Castille, au commencement de 1369, et comme compensation de la donation de Trastamara qui après Nágera perdit son effet.

La ville de Molina, aujourd'hui *ciudad* de la province de Guadalajara, est située aux confins de cette province et de celle de Saragosse, sur le rio Gallo, affluent du Tage. Fief pendant la première partie du moyen âge de la maison de Lara, d'où le nom de Molina de los Caballeros ou de los Condes que porta longtemps le *señorio*, Molina, par le mariage d'Alphonse, frère de saint Ferdinand, avec Mofalda Manrique de Lara, passa dans la maison royale et fut définitivement incorporé à la couronne en 1293[1]; Sanche IV, époux de Marie de Molina, héritière du *seño-rio*, fut le premier souverain de Castille qui s'intitula seigneur de Molina. Sa situation sur la frontière d'Aragon, — Molina se nomme aujourd'hui encore Molina de Aragon, — l'exposa pendant la lutte entre Pierre le Cruel et son frère aux convoitises du roi voisin; aussi ses habitants, désireux d'exploiter ces convoitises, peut-être aussi inquiets sur le sort que leur réservait le nouveau seigneur étranger institué par le bâtard, s'empres-sèrent-ils, immédiatement après le drame de Montiel, de se livrer à Pierre IV d'Aragon, qui accepta avec empressement leur hom-mage et leur assura les libertés et privilèges dont jouissaient dans ses états les habitants de Daroca : « Con la nueva de la muerte « del rey don Pedro los del concejo de Molina embiaron al rey, « que fue entonces a Valencia, a suplicarle los recibiesse por sus

1. Luis de Salazar, *Casa de Lara*, t. 1, p. 243.

« vassallos, y sus procuradores le hizieron pleyto homenage
« como a su rey y señor y de serle leales ; y el Rey les offrecio
« de incorporar aquella villa, que era de mucha importancia, en
« su corona real, y concedioles que fuessen francos en todos sus
« reynos y señorios, como lo eran los vezinos de la ciudad de
« Daroca[1]. » La ville, le château et d'autres lieux fortifiés des
environs furent, en vertu de cet accord, aussitôt remis au roi
d'Aragon. Au surplus, ce dernier, pour prix du secours accordé
au prince Henri contre Pierre, avait, en 1366 déjà, réclamé la
cession de Cuenca, Molina, Medinaceli, Soria et autres localités
de la région[2] ; mais, n'ayant pu l'obtenir alors ni pendant les deux
années qui suivirent, il comprit après Montiel qu'il convenait de
se hâter et de ne pas attendre que Henri, seul maître de la Castille, se dégageât des promesses antérieures : non seulement donc
il accepta la reddition de Molina, mais on peut supposer qu'il la
suggéra à ses habitants et à son alcalde, qui reçut d'ailleurs une
récompense personnelle fort importante. Ainsi, en donnant à
Bertrand la ville de Molina au commencement de 1369 et en lui
confirmant cette donation au mois de mai suivant, Henri II disposait de ce qui ne lui appartenait pas d'une façon indiscutable.
Zurita va plus loin, il accuse même Henri d'avoir agi artificieu-
sement pour soustraire cette ville au roi d'Aragon, et, ajoute-t-il,
« pour lui enlever un serviteur de l'importance de Bertrand[3]. »
Ceci demande une explication. Les deux rois en effet se dispu-
taient depuis longtemps l'appui du valeureux capitaine français.
Le roi Pierre IV, pour l'attacher à son service, lui avait donné le
9 janvier 1366 le comté de Borja et quelques autres fiefs moins
importants[4], et, en 1369, il lui dépêchait des émissaires pour lui
offrir le commandement d'une expédition en Sardaigne. Mais
Du Guesclin ne se souciait pas de renoncer à son duché ; il ne
voulut pas écouter les propositions de Pierre IV ni se soumettre
à l'arbitrage que celui-ci lui proposa et menaça de faire valoir
ses droits les armes à la main : « No queria ningun partido,
« antes con orgullo dezia que el demandaria a Molina por otras
« vias[5]. » En fait, il ne prit jamais possession de ce duché et,

1. Zurita, *Anales de Aragon*, liv. X, ch. 5.
2. Zurita, *l. c.*, liv. IX, ch. 63.
3. Zurita, *l. c.*, liv. X, ch. 7, et cf. liv. IX, ch. 68.
4. Zurita, *l. c.*, liv. IX, ch. 62, et Dom Du Coëtlosquet, *Chartes inédites
relatives à Du Guesclin et à ses compagnons*, Vannes, 1891, p. 3.
5. Zurita, *l. c.*, liv. X, ch. 7.

lorsqu'il se décida à quitter l'Espagne pour rentrer en France[1], il jugea plus avantageux d'obtenir des deux souverains qu'il avait servis des compensations pécuniaires : Molina et les autres fiefs donnés par le roi Henri, d'une part, Borja donné par Pierre IV, de l'autre, lui furent successivement rachetés en 1374 et 1375[2]. En ce qui concerne Molina, ce *señorio*, dont Henri II disposait sans le posséder effectivement et que Pierre IV retenait, non dans le dessein de l'incorporer à son état, mais comme objet de négociation, fit définitivement retour à la couronne de Castille en vertu de l'accord conclu à Lérida le 10 mai 1375 entre les deux rois, qui scellèrent leur réconciliation par le mariage de l'infant Don Juan de Castille avec l'infante Doña Leonor d'Aragon[3]. Désormais, Molina ne fut plus jamais aliéné, et deux privilèges, l'un des Rois Catholiques du 24 décembre 1475, l'autre de Philippe IV du 17 août 1641, assurèrent pour toujours aux habitants du *señorio* leur qualité de vassaux directs du roi de Castille[4].

De ce qui vient d'être exposé résulte que le privilège du 4 mai 1369, en ce qui concerne au moins Molina, doit être regardé comme la confirmation d'une mercède antérieure dont nous ne possédons pas l'acte. Il est concevable qu'après la mort de Pierre, Du Guesclin ait tenu à se faire confirmer solennellement et la donation ancienne et la nouvelle récompense pour les services prêtés à Montiel, que le privilège semble d'ailleurs distinguer l'une de l'autre : « Et damos vos *mas* la villa de Soria, etc. »

Sur la forme de ce privilège, il y aurait naturellement bien des observations intéressantes à présenter ; malheureusement les études de diplomatique espagnole sont rendues à peu près impossibles par le fait qu'il n'existe aucun recueil d'actes de souverains péninsulaires publiés avec la précision indispensable en cette matière. Les érudits des derniers siècles se préoccupaient peu de rendre exactement toutes les particularités des documents qu'ils transcrivaient ; ils ne s'attachaient qu'à la teneur des actes : les

1. Le départ de Du Guesclin et de ses compagnies eut lieu avant le 10 juin 1370 ; voir une lettre de Henri II à la ville de Murcie datée de Guadalajara, 10 juin 1370. (*Adiciones à la Crónica de Enrique II*, éd. Rivadeneyra, p. 53.)

2. Ayala, *Crónica de Enrique II*, ann. 1374, ch. 8 ; Zurita, *l. c.*, liv. X, ch. 19, et Dom Du Coëtlosquet, *Chartes inédites relatives à Du Guesclin et à ses compagnons*, Vannes, 1891, p. 24.

3. Zurita, *l. c.*, liv. X, ch. 19.

4. Diego Sanchez de Portocarrero, *Antiguedad del señorio de Molina* ; Madrid, 1641, p. 244 et 270.

plus consciencieux même abrègent souvent les formules et commettent des erreurs de lecture. Il serait grand temps de remédier à cet inconvénient; sans recueils d'actes et sans regestes, il n'est pas possible de contrôler sérieusement les récits souvent très inexacts ou fantaisistes des chroniques et par conséquent d'écrire l'histoire de l'Espagne au moyen âge[1]. Pour le règne de Henri II, la tâche assez considérable serait très fructueuse. Ce roi, si justement surnommé *el de las mercedes*, a beaucoup fait travailler sa chancellerie; nul n'a plus donné que lui[2]. De nombreux privilèges concédés à des villes ou à des monastères se trouvent dans les dépôts publics, et il n'est pas de grande maison castillane qui ne possède dans son chartrier quelques mercèdes *enriqueñas*[3]; on pourrait donc, sans trop de difficulté, réunir une ample collection d'actes de ce souverain de toutes les années du règne qui fournirait des dates sûres et bien d'autres renseignements.

La donation du 4 mai 1369 appartient à la catégorie des privilèges solennels ou roués (*privilegios rodados*) et débute par le chrismon inséré dans un cercle que coupe diamétralement le X; dans les segments du haut et du bas : P S, dans ceux de gauche et de droite : A Q. Après vient une longue invocation commençant par : « Enel nonbre de DIOS, » et se terminant par les mots : « mantener en paz ɀ en justiçia. » A quelques mots près, qui peuvent avoir été mal transcrits[4], cette invocation se retrouve dans trois autres privilèges roués auxquels, faute de mieux, nous pouvons comparer le nôtre[5]; a) celui de D. Pedro Manrique; Bur-

---

1. Dans son histoire de Pierre Ier, M. Catalina Garcia a publié en appendice un regeste de 361 chartes émanées de l[a] chancellerie de ce roi qui rendra de bons services. Il faut espérer qu'il en fera autant pour les règnes des successeurs de Pierre.

2. Aussi les poètes l'ont-ils célébré : « Fiz ducados é condados E muy altos señorios, E di á estraños é á mios Mas que todos mis pasados, » lui fait dire le rimeur Pedro Ferrus. (*Cancionero de Baena*, n° 304.)

3. Le *Catálogo de las colecciones expuestas en las vitrinas del palacio de Liria*, publié par Mme la duchesse d'Albe (Madrid, 1898), en décrit plusieurs qui concernent la maison de Tolède. On en trouve aussi souvent dans les collections des amateurs ou des marchands; voy., par exemple, le *Catálogo de manuscritos españoles*, por Don José Ignacio Miró. Serie primera. Anvers 1886.

4. Ainsi Argote de Molina imprime certainement par erreur *en defendimiento de los sus enemigos*, au lieu de *en destruymiento*.

5. On pourrait encore rapprocher du nôtre le privilège accordé à Pierre Le Besgue de Villaines, donné à Salamanque le 20 décembre 1369, et qu'a fait connaître D. Antonio Maria Fabié, *Don Rodrigo de Villandrando*, Madrid, 1882,

gos, 8 avril 1366 (publié par L. de Salazar y Castro, *Casa de Lara. Pruebas*, p. 49); *b*) celui de Pedro Ruy de Torres; Toro, 22 septembre 1371 (publié par Argote de Molina, *Nobleza del Andaluzia*, fol. 248); et *c*) celui de l'amiral Ambrosio Bocanegra; Zamora, 5 novembre 1372 (publié par L. de Salazar y Castro, *Catálogo de los señores y condes de la casa de Fernanuñez*; Madrid, 1682, p. 44). Dans les privilèges *a* et *c*, l'invocation se termine aux mots *corte celestial*, mais Salazar a pu abréger la formule. Le préambule commençant par : « Et porque es natural cosa, » est conforme, sauf quelques variantes, à celui du privilège *b*, mais *c* est très différent et *a* n'a rien, ce qui résulte sans doute d'une omission de l'éditeur. La notification commence par : « Por ende queremos; » de même dans *b*, alors que *a* et *c* ont : « Por ende nos, catando esto, queremos. » Les titres du roi sont les mêmes que ceux de Pierre le Cruel, sauf celui de *señor de Biscaya*, que Henri n'a jamais porté, la Biscaye ayant été réservée par lui en 1366 à son frère Don Tello, qui pouvait d'ailleurs la revendiquer comme héritier de sa femme Dª Juana de Lara assassinée par Pierre en 1359[1]. Suit l'exposé : « Por connosçer a vos, » qui est ailleurs « Connosçiendo a vos, » puis le dispositif : « Por esto ... damos vos. » Les clauses finales s'annoncent : « Et sobresto mandamos 2 defendemos, » et la mention des signes de validation : « Et desto vos mandamos dar, » alors qu'on trouve ailleurs (par exemple dans *a*) la formule plus complète : « E porque esto sea firme y estable para siempre jamas, mandamos vos dar. » Le privilège présente ensuite les deux signatures autographes du roi : « Nos El Rey, » et de la reine : « Yo la rreyna, » ce qui ne paraît pas être le cas pour d'autres privilèges roués de la même époque (*a* par exemple n'a que « Nos El Rey »). Il n'y a rien de particulier à remarquer sur les autres signes de validation, la roue[2], le sceau, etc. Ces observations

p. 167; mais la copie authentique de 1377 qui a servi à l'éditeur est si défectueuse qu'il vaut mieux ne pas s'en servir, au moins pour des questions de diplomatique.

1. Ayala, *Crónica de D. Pedro*; ann. 1366, ch. 7.

2. Sur la roue des privilèges, voy. J. Delaville Le Roulx, *Nouvelles archives des missions*, t. IV (Paris, 1893), p. 244. Cette roue était plus ou moins ornée; celle de notre diplôme l'est fort peu, mais le P. Andrés Merino (*Escuela de leer*, Madrid, 1780, p. 265) reproduit une roue, tirée d'un privilège de Henri II de l'année 1368, où l'un des cercles est orné d'un cordon et

sur la forme du privilège du 4 mai 1369 semblent prouver qu'il
y a eu dans les premières années au moins du règne de Henri II
bien des hésitations dans la rédaction des privilèges solennels, ce
qui s'expliquerait par l'instabilité du nouveau régime; la chancellerie du bâtard n'était pas encore suffisamment stylée.

Mais la partie du privilège qui mérite une attention particu-
lière est celle des confirmations. Il y a lieu de distinguer ici huit
groupes : 1° les confirmations qui suivent immédiatement les
signatures royales et qui sont écrites à longues lignes; 2° les
confirmations des archevêques de Santiago, Tolède et Séville
au-dessus des colonnes et de la roue; 3° à 7° les confirmations
des deux premières colonnes de droite, de la colonne de la roue
et des deux colonnes de gauche; 8° les confirmations de grands
officiers au bas des colonnes. L. de Salazar nous apprend[1], et
l'examen des privilèges roués jusqu'au xiv° siècle confirme son
dire, que l'usage de la chancellerie, après la réunion des cou-
ronnes de Castille et de Léon, fut de réserver les deux colonnes de
droite, la première aux prélats de Castille, la seconde aux riches
hommes dudit royaume[2]; il fait observer en outre que, pour les
riches hommes, on tenait compte, dans certains cas, de la situation de leurs fiefs, qu'ainsi les Castro, quoique d'origine castillane, confirmaient dans la colonne de Léon, à cause de leurs
fiefs situés en Galice, mais que, d'autre part, les Ponce, d'origine
léonaise, continuèrent de confirmer avec les Léonais, même après
qu'ils se furent établis en Andalousie. La chancellerie de Henri II
respecta-t-elle à la lettre l'ancien usage? C'est à quoi l'on ne
pourra répondre sûrement qu'après avoir examiné un grand
nombre de privilèges originaux, mais il est déjà permis de supposer qu'il y aura eu sur ce point comme sur d'autres beaucoup
d'hésitations. Salazar d'ailleurs reconnaît qu'à l'époque qui nous
occupe la répartition des riches-hommes dans les colonnes ne se
faisait plus avec la même rigueur qu'antérieurement : *ya no solia
aver en esto grande cuidado*[3].

Si l'on examine notre privilège au point de vue des confirma-

où les quatre angles du carré dans lequel est inscrite la roue contiennent des
rinceaux.

1. Cf. aussi le ch. xi du livre II des *Dignidades seglares* de Salazar de
Mendoza.

2. *Casa de Lara*, I, 118.

3. *Casa de Lara*, III, 449.

tions, voici ce qu'on observe : Le premier groupe comprend :
1° le prince héritier D. Juan ; 2° D. Tello, frère du roi ; 3° D. Sancho, frère du roi ; 4° D. Alfonso d'Aragon, petit-fils du roi
Jacques II d'Aragon ; 5° D. Alfonso, fils illégitime du roi ; tous
par conséquent des princes de maison royale. Le second groupe
(têtes de colonne) comprend, dans l'ordre suivant, l'archevêque
de Santiago (tête de la première colonne de droite), l'archevêque
de Tolède (au-dessus de la roue), l'archevêque de Séville (tête de
la première colonne de gauche), ordre qui a lieu de surprendre,
car l'archevêque de Santiago devrait commander la colonne des
évêques léonais ; c'est ce qu'on trouve dans le privilège de Bocanegra (c), tandis que celui de Manrique (a) procède comme le
nôtre ; il n'y avait donc pas de règle fixe. Le troisième groupe
(première colonne de droite) énumère les évêques de Castille en
commençant par celui de Burgos, puis immédiatement après les
maîtres des trois ordres militaires, Santiago, Calatrava et Alcán-
tara et enfin le prieur de l'ordre de Saint-Jean ; or, dans les deux
privilèges a et c, ces derniers dignitaires sont autrement répar-
tis : le prieur de Saint-Jean figure à la colonne de Castille, mais
le maître de Santiago, par exemple, confirme dans la colonne
léonaise. Le quatrième groupe (deuxième colonne de droite) se
compose de deux catégories de riches-hommes et même de trois :
1° d'un personnage proche parent de la reine, Don Juan Sanchez
Manuel, comte de Carrion, qui, dans a, confirme comme grand
officier (grand *adelantado* de Murcie) au bas du privilège[1] et,
dans c, confirme bien dans la deuxième colonne de droite, mais
en cinquième lieu seulement ; 2° de cinq « vassaux du roi, »
c'est-à-dire de personnages étrangers à la couronne de Castille,
Aragonais ou Navarrais, ce titre de *vasallo del rey* ayant été
réservé, jusqu'au règne de Jean II environ, soit à des princes tri-
butaires, comme les rois musulmans d'Espagne, soit à des princes
ou des seigneurs étrangers qui avaient reçu des fiefs ou des
récompenses en Castille[2] ; 3° de riches-hommes castillans. Les

---

1. Je ne m'explique pas cette confirmation dans un diplôme du 8 avril 1366,
puisque D. Juan Sanchez ne fut nommé grand *adelantado* de Murcie que le
11 juin 1369 et que précisément dans notre privilège il ne porte point encore ce
titre. Il le porte, en revanche, dans le privilège de Gonzalo Mexia du 16 mars
1369. Doit-on supposer que la charge lui avait été donnée dès 1366, pour ainsi
dire *in petto* ?

2. L. de Salazar, *Casa de Lara*, II, 30, et *Advertencias históricas*, p. 33. Mais

autres groupes ne suggèrent pas d'observation, sauf qu'il faut noter que la colonne dite léonaise des riches-hommes ne contient en réalité qu'un nom vraiment léonais d'origine, celui d'un Ponce, et qu'il débute par un personnage tout à fait inconnu dans l'histoire : *Don Johan fiio del noble don Fadrique maestre que fue de Santiago*. D. Fadrique, frère de Henri II, fut assassiné par ordre de Pierre le mardi 29 mai 1358 et les généalogistes ne lui reconnaissent que deux fils : D. Pedro, comte de Trastamara, et Alfonso, souche des *almirantes* de Castille du nom d'Enriquez. Les privilèges à peu près contemporains du nôtre, celui de D. Pedro Manrique (1366), celui de D. Gonzalo Mexia (1369) et celui de miser Ambrosio Bocanegra (1371), à la place qu'occupe ici ce D. Juan, inscrivent tous *Don Pedro sobrino del rey, conde de Trastamara e de Lemos e de Sarria*[1]. Doit-on supposer une erreur du scribe de la chancellerie, qui serait bien forte et bien extraordinaire et de nature presque à faire naître des doutes sur l'authenticité du document, si cette authenticité n'était pas établie par tous les autres caractères intrinsèques et extrinsèques de l'acte? Ou doit-on reconnaître dans le D. Juan un personnage réel dont les historiens ne nous ont pas conservé le souvenir? Nous ne sommes point en mesure de trancher cette question, qui assurément mériterait d'être élucidée. En somme, ce rapide examen de la liste des confirmations dans le privilège de Molina et la comparaison de quelques-unes de ses particularités avec d'autres textes imprimés dénotent chez les officiers de la chancellerie un fort médiocre respect de la tradition et des règles observées antérieurement; mais il faut attendre, pour se prononcer sur ces questions, la publication rigoureusement contrôlée de textes authentiques, car il convient de tenir jusque-là pour suspectes toutes les transcriptions des historiens ou des généalogistes.

Cela étant, il a paru convenable de donner du privilège de Molina une édition diplomatique où toutes les particularités graphiques de la pièce originale ont été minutieusement respectées et où les abréviations ont été résolues en caractères italiques. Après le texte de la charte, suivent des notices biographiques sur tous

pourquoi, dans le privilège *c*, D. Juan Sanchez Manuel est-il qualifié de *vasallo del rey*?

1. Dans le privilège de Le Besgue de Villaines (1369), on lit : « Don Pedro, fijo del maestre. »

les personnages qui s'y trouvent mentionnés. Les dates et autres renseignements généalogiques ou historiques qu'elles contiennent ne sauraient être garantis, vu l'extrême imprécision et les erreurs sans nombre des livres espagnols où l'on peut recueillir des données sur les confirmants du privilège. Pour le xive siècle, comme pour les périodes antérieures ou postérieures, un *peerage* digne de ce nom n'existe pas. Le *Nobiliario genealógico de los reyes y títulos de España* d'Alonso Lopez de Haro publié en 1622 et qui se présentait comme devant faire foi en ces matières fut discrédité officiellement dès l'année suivante par une ordonnance du Conseil de Castille; quant aux autres ouvrages généalogiques du xviie siècle, ils ne doivent être utilisés qu'avec beaucoup de circonspection : seuls ceux de Luis de Salazar y Castro, le plus consciencieux et le plus érudit des généalogistes espagnols, qui, s'il avait été aidé, nous aurait donné pour l'Espagne un *Père Anselme*, mérite plus de créance, car il avait la bonne habitude de travailler sur les documents originaux; mais il n'a traité, dans ses écrits, que d'un certain nombre de familles et nous laisse souvent dans l'embarras. Quant aux listes d'évêques, elles sont toutes extraordinairement défectueuses, depuis les plus anciennes jusqu'à celles de V. de La Fuente, dans son *Historia eclesiástica de España*, de Gams, dans la *Series episcoporum*, et d'Eubel, dans la *Hierarchia catholica medii aevi*.

L'original du privilège de Molina est conservé parmi les manuscrits de la bibliothèque de Rennes sous le nº 528 et fut donné à cette bibliothèque en 1817 par M. Régnier de Courpéan, propriétaire à La Guerche[1]. Au commencement du xviie siècle, il se trouvait encore dans la maison de La Roberie, issue d'un oncle de Bertrand Du Guesclin, au témoignage du P. Augustin Du Paz : « Les lettres de ce don escrites sur velin en langage espagnol « sont en la maison de La Roberie, issue d'un oncle dudit Ber- « trand, comme nous dirons cy-après, et furent traduites d'espa- « gnol en langage françois par le sieur de Martines, lors conseil- « ler au parlement de Renes. Et me furent données traduites en « françois par le sieur de Boissy, autre conseiller audit parle- « ment[2]. » Le P. Du Paz publia la traduction de Martines dans

---

1. Voy. la description de cette pièce, par M. Vétault, dans le *Catalogue général des manuscrits*, t. XXIV, p. 219.

2. *Histoire généalogique de plusieurs maisons illustres de Bretagne*, Paris, 1620, p. 417.

son *Histoire généalogique*, et cette version française fut reproduite par Dom Morice, qui l'ajouta aux preuves de son *Histoire de Bretagne*[1]. Pour ce qui est du texte espagnol, il n'a été publié que de nos jours par M. André, conseiller à la cour de Rennes, dans le tome VII des *Mémoires de la Société archéologique du département d'Ille-et-Vilaine*[2], mais avec des erreurs de lecture et de copie si grossières qu'elles rendent son édition inutilisable.

Bien conservé en général, le privilège de Molina se lit facilement; seuls le nom d'un des vassaux du roi et ceux des deux notaires de Castille et de Leon, fort effacés par l'usure de la pièce, sont assez indistincts. Le sceau du type équestre pend encore à la charte par ses lacs de soie verte, blanche et jaune. En somme, ce témoignage précieux des prouesses d'un de nos plus illustres compatriotes en Espagne, et qui par son contenu intéresse directement l'histoire de France, mérite certainement par sa forme l'attention des diplomatistes; c'est un bon spécimen d'acte solennel de la chancellerie castillane au XIVe siècle[3].

Alfred MOREL-FATIO.

✠ Enel nonbre de DIOS padre 2 filo 2 *spíritu* santo *que* son tref *per*fonas 2 vn dios uerdadero *que* b[i]ue 2 Regna por fienp*re* jamas 2 dela uírge*n* gloriofa Santa MARIA fu madre aq*u*ien nos tenemos por fenxora 2 por abogada e*n* todos n*u*estros[4] (2) fechos et ao*n*rra 2 a feruiçio de todos los fantos dela corte çelestial el q*u*al por la fu piedat nos q*u*ifo enfalçar en deftruymie*n*to delos fus enemigos 2 nos efcogio por juez de fu pueblo por *que* pudiefemos en (3) falçar 2 onrrar 2 engrandeçer los fus Regnos 2 los defender 2 ma*n*tener en paz 2 en juftiçia Et porque es nat*u*ral cofa *que* todas las cofas *que* dios

1. *Preuves*, I, 1628.

2. Le tirage à part du mémoire de M. André porte le titre de : *Grande charte de Henri de Transtamare conférant à Bertrand Du Guesclin le duché de Molina*. Rennes, 1870, brochure in-8° de 41 pages.

3. Grâce à l'obligeance de M. Le Hir, bibliothécaire de la ville de Rennes, qui, sur la demande du ministère de l'Instruction publique, nous a prêté l'original, l'École des chartes en a fait faire récemment une reproduction phototypique qu'elle a classée dans ses collections sous le n° 746 de l'ancien fonds des fac-similés.

4. Dans les abréviations résolues, on n'a pas fait partout la distinction de l's courte et de l's longue, l'imprimerie ne possédant de cette dernière lettre dans le caractère italique qu'un petit nombre d'exemplaires.

enefte mundo fizo naçer feneçen quando el tiene por bien Et quanto
ala (4) vida defte mundo cada vna ha fu tienpo 2 curfo fabido Et
non finca otra cofa que fin non aya faluo dios que nunca ouo comienço
nin avra fin Et afemejança del ordeno los angeles 2 la corte çeleſ-
tial Et commo quier que quifo que ouiefen comienço pero non que
ouiefen fin (5) mas que durafen fienpre Et afi commo el ef duradero
afi quifo que el fu Regno durafe para fienpre Et por ende todos los
Reyes fe deuen menbrar de aquel Regno ado an de yr adar Razon
delo queles dios enefte mundo encomendo 2 por quien Regnan 2
cuyo lugar tienen (6) por lo qual fon tenudos de fazer limofna por el
fu amor 2 avn por que perteneçe al estado delos Reyes 2 ala su Rea-
leza de enobleçer 2 onrrar 2 preuilligiar atodos aquellos que bien 2
leal mente los firuen heredando los en fus Regnos Por ende queremos que Sepan por efte nueftro (7) preuillegio los que agora fon
oferan de aqui adelante commo Nos Don ENRIQUE Por la gracia de
dios Rey de caftiella De Toledo De leon De Gallizia de Seuilla De Cordoua De Murçia De Jahen Del (8) algarbe De algezira Et fennor De
molina Regnante en vno conla Reyna Donna IUANA mi muger 2
conel infante Don IUAN mio fijo primero heredero delos nueftros
Regnos (9) de caftiella 2 de leon Por connofçer auos el nueftro muy
caro amigo mofen beltran de claquin conde de longa villa que al
tienpo que nos entramos enlos nueftros Regnos de caftie (10) lla 2
de leon la otra uez enel anno dela era de mill 2 quatroçientos 2 quatro annos uos el dicho mofen beltran veniftes con nos por nos acon-
pannar 2 ayudar acobrar los nueftros Regnos Et troxieftes todas las
mas (44) gentes de Armas que uos pudieftes en nueftro feruiçio Et otrofi
por que defpues defto uos el dicho mofen beltran vos acueftaftes
con nos enla batalla que nos ouimos conel prinçipe de gales 2 fuftes
prefo por nueftro feruiçio enla dicha batalla¹ 2 vos cofto muy grandes quantias de marauedis (42) delo vueſtro por la vueſtra Rendi-
çion Et otrofi por que agora defta otra venida que nos venimos acobrar los dichos nueftros Regnos uos el dicho mofen beltran veniftes
delos Reynos de françia anos feruir con mucha companna que troxif-
tes a nueftro feruiçio 2 vos acaefçieftes confuifco enla (43) batalla
que nos ouimos conel traydor tirano² que fe llamaua Rey nueftro

____

1. La bataille de Nágera (3 avril 1367).

2. Cette épithète, appliquée par Henri II à son frère, est de règle dans les
actes de sa chancellerie; on trouve auſſi l'expression « aquel malo tirano » et,
ailleurs, une autre fort curieuse : « El traidor hereje tirano de Pero Gil, » qui
n'a été expliquée que de nos jours et qui fait allusion à une imputation de
bâtardise portée contre Pierre le Cruel. Voy. Catalina Garcia, l. c., t. I, p. 3

enemigo 2 *con*los moros *que* conel viniero*n* para eftroyr los *nuetros*
Regnos 2 toda la chr*ift*iandat enque*l*o vençimos 2 defbaratamos ael
2 atodos los *que* conel vinia*n*[1] Et ot*r*ofi por uos fazer paga 2 emienda
de *quales*(14) qu*i*er contias de *marauedis que* nos deuiemos 2 auiamos
adar en *qu*alqu*i*er manera 2 por q*u*alqui*er* Razon afi de fueldo commo
de emienda de tierra *commo* de *otra* qualqu*i*er manera *que* nos vos
deuiefemos o fuefemos tenudo deuos dar auos 2 atodos los otros caua-
lleros 2 efcuderos que *convu*fco vinieron *en* *nuestro* feruiçio la primera
vez q*ue* (15) nos ent*r*amos *en*los *nuetros* Regnos fafta el dia dela pelea
de Naiara Por efto 2 por muy altos 2 muy grandes 2 muy sen*n*alados
feruiçios q*ue* defpues aca nos auedes fecho 2 fazedes de cada dia et
por uos o*n*rrar 2 *h*eredar *en*los *nuetros* Regnos por q*ue* feades mas
onrrado 2 valades mas vos 2 los *que* de (16) *vuest*ro linage deçendiere*n* Damos uos *en* donaçio*n* por juro de heredat para agora 2 para
fienp*r*e jamas la n*uest*ra villa de molina conel caftiello dela dicha
villa 2 q*ue* uos llamedes duc de molina uos 2 los q*ue* de *vuestro*
linage deçendiere*n* Et damos uos mas la villa de foria[2] conel caftiello
dela dicha (17) villa et la villa de atiença[3] conel caftiello dela dicha
villa Et la villa de almaça*n*[4] conel caftiello dela dicha villa 2 moron[5]
2 monte agudo[6] et la villa de deça[7] co*n* fu alcaçar 2 çuhela[8] 2 feron[9]
2 ceruera[10] 2 arnedo[11] Et damos uos eftas dichas villas 2 lugares co*n*
todos fus ter*m*inos 2 pertenençias quales perte (18) neçe*n* 2 pertene-

et 416. Henri II se qualifiait lui-même volontiers de « caballero y servidor de
Jesucristo. » (*Ibid.*, p. 417.)

1. La bataille de Montiel (14 mars 1369). Cf. Ayala, *Crónica de D. Pedro;*
ann. 1369, ch. 6.

2. Soria, dans la Vieille-Castille, aujourd'hui capitale de la province de
son nom.

3. Atienza, ville de la province de Guadalajara, située non loin de Siguenza.

4. Almazan, ville de la province de Soria.

5. Moron, ville de la province de Soria, district judiciaire d'Almazan.

6. Monteagudo, ville de la province de Soria, district judiciaire d'Almazan.

7. Deza, ville de la province de Soria.

8. Cihuela, ville de la province de Soria, district judiciaire de Soria.

9. Seron, ville de la province de Soria, district judiciaire d'Almazan.

10. Cervera de rio Alhama, ville de la province de Logroño. Du Guesclin céda
cette ville à D. Juan Ramirez de Arellano par acte fait à Ségovie le 2 novembre
1369. (L. de Salazar, *Casa de Lara*, I, 376.)

11. Arnedo, *ciudad* de la province de Logroño. D. Rafael Floranes de Robles
prétend que Henri II avait donné « séparément » la ville d'Arnedo à Du Guesclin et que celui-ci la céda à D. Pedro Fernandez de Velasco en échange des
faubourgs de Soria. (*Adiciones á las notas de la Crónica de D. Enrique II,*
p. 46.)

çer deuen et con toda la juridiçion 2 fennorio que nos auemos enellas
2 en cada vna dellas 2 con todas las Rentas 2 pechos 2 derechos
delas dichas villas 2 lugares 2 de cada vna dellas afi almoxarifadgos
portadgos aduanas 2 diezmos de puertos 2 falinas que nos y auemos
2 nos perteneçen 2 pertene (19) çer deuen en qual quier manera
enlas dichas villas 2 lugares 2 en cada vna dellas 2 con todos los
otros pechos 2 derechos quales quier foreros onon foreros 2 otras
quales quier cofas que pertenezcan 2 perteneçer deuan en qual quier
manera al fennorio delas dichas villas 2 lugares 2 de cada vna
dellas 2 conla iustiçia çiuil et (20) criminal 2 mero 2 mixto inperio 2
conla iuridiçion alta 2 baxa 2 conel feunorio delas dichas villas 2
lugares 2 de fus terminos 2 con montes 2 valles 2 prados 2 paftos
2 dehefas 2 Rios 2 aguas corrientes enon corrientes 2 con fornos 2
bannos 2 açennas 2 molinos 2 carneçerias 2 huertas 2 vinnas 2 tie-
rras 2 heredades (21) 2 pofefiones 2 con todos fus fueros 2 franque-
zas 2 libertades fegunt que mas conplidamente las dichas villas 2
lugares 2 fus terminos lo ouieron delos Reyes onde nos venimos 2
delos otros sennores cuyas fueron fasta aqui Et efta merçed 2 donaçion uos fazemos por iuro de heredat para agora 2 para sienpre (22)
jamas para dar 2 uender 2 enpennar 2 trocar 2 canbiar et para que
fagades dello 2 enello afi commo de cofa vueftra propia Pero que
ninguna deftas cofas non podades fazer con omne de orden nin de
Religion nin de fuera del nuestro fennorio nin con otro ninguno que
fea avnque fea del nueftro fennorio que fea en nuestro de (23) feruiçio Et Retenemos para nos 2 alos Reyes que defpues denos Regnaren
en caftiella 2 en leon mineras de oro ode plata ode azul filas y ha
o ouiere de aqui adelante Et alcaualas 2 terçias 2 feruiçios 2 monedas
2 otros quales quier pechos que nos enlos nuestros Regnos echare-
mos 2 moneda forera de (24) fiete en fiete annos quando nos la die-
ren en connofçimiento de sennorio Real Et otrofi que uos el dicho
mofen beltran que nos fagades pleito 2 omenage 2 feades tenudo de
tener las dichas villas 2 caftiellos 2 lugares enla manera 2 condiçio-
nes 2 omenages quelo touieron todos los naturales de cafti (25) ella
aquien los Reyes de caftiella onde nos venimos fizieron merçedes 2
agora tienen denos los nuestros Naturales delos lugares queles nos
agora damos Et otrofi que nos obedezcades 2 acojades anos 2 defpues delos nuestros dias al infante don johan mio fiio primero heredero o aquien nos dexare (26) mos en nuestro testamento enlas dichas
villas 2 lugares 2 caftiellos 2 en cada vno dellos enlo alto 2 enlo
baxo cada que y llegaremos yrado o pagado con pocos ocon muchos

de noche 2 de dia Et que fagades ende guerra 2 paz por nuestro mandado cada que uos lo mandaremos o enbiaremos mandar (27) Et que
vengades anuestros enplazamientos 2 anuestros llamamientos cada
que uos enbiaremos enplazar o llamar 2 cunplades nuestras cartas 2
nuestro mandado segunt que es acoftunbrado Et fi fe menguare la
justiçia quela vos non quefieredes fazer nin conplir que nos quela
mandemos fazer 2 conplir Otrofi que por eftas (28) dichas merçedes
que uos fazemos que uos el dicho mofen beltran que feades nuestro
natural 2 nuestro vafallo uos 2 todos aquellos que deuos vinieren que
efta tierra heredaran Et que feades tenudo denos fazer aquel Reconnof-
çimiento 2 Aquella Reuerençia que fon tenudos 2 fazen todos los nuestros Naturales afi (29) commo afu Rey 2 afu fennor natural Et otrofi
que todos los pleitos 2 juras que uos anos fazedes que feades tenudo
delas tomar alos vuestros alcaydes que uos dexaredes enlas dichas
villas 2 lugares 2 caftiellos Et por este nuestro preuillegio opor el
traslado del fignado de efcriuano publico manda (30) mos alos con-
çeios 2 Alcalles 2 alguazil[e]s 2 ofiçiales 2 omes buenos delas dichas
villas 2 lugares que dichas fon 2 de cada vna dellas que ayan 2
Reçiban de aqui adelante por fu fennor auos el dicho mofen beltran
et uos acojan enlas dichas villas 2 caftiellos 2 lugares 2 en cada vna
dellas (31) Et que obedezcan 2 cunplan vuestras cartas 2 vuestro
mandado 2 fagan por uos afi commo por fu fennor et uos Recudan
2 fagan Recudir con todas las Rentas 2 pechos 2 derechos fobredi-
chos 2 con cada vno dellos auos el dicho mofen beltran o al quelo
ouiere de recabdar por uos enlos dichos lugares 2 en cada (32) vno
dellos bien 2 conplida mente en guifa que uos non menguen ende ninguna cofa fegunt que mas conplida mente Recudieron conellas alos
otros Reyes onde nos venimos 2 anos 2 alos otros fennores que fueron
delos dichos lugares fasta aqui Et por que nueftra voluntad es de tener 2
mandar guardar 2 conplir A (33) vos el dicho mofen beltran 2 alos que
deuos decendieren efta merçed 2 donaçion que uos fazemos fegunt dicho
es prometemos uos afi commo Rey 2 fennor 2 fiio del Rey don alfonfo
que dios perdone deuos guardar 2 mantener efta merçed 2 donaçion
que uos fazemos Et que nos nin otre por nos nin por (34) nuestro
mandado que uos la non tiremos nin quebrantemos nin mandemos
quebrantar en ningunt tienpo por ninguna manera Et defpues delos
nuestros dias mandamos al dicho infante don Johan mio fiio que uos
lo guarde 2 tenga 2 cunpla en manera que para fienpre jamas fea
valedero 2 guardado todo (35) efto enla manera que dicha es Et nos
el fobredicho Rey Don ENRIQUE de cierta fabiduria fuplimos del

2

nueſtro llenero conplido poderio Real eneſta preſente merçed 2 gra-
çia 2 donaçion que uos fazemos a vos el dicho moſen beltran 2 alos
vuestros deçendi (36) entes delas dichas villas 2 lugares ſobre-
dichos enla manera que dicha es toda solepnidat o inſumaçion o otra
qualquier coſa que de derecho ode fecho o ſegunt costunbres o preui-
llegios delos dichos Regnos o otras quales quier ordinaçiones eſ (37)
criptas onon eſcriptas que afazer valer conplida mente eſta merçed
que uos fazemos ſon neçeſarias oportunas por qual quier manera o
Razon que ſea en toda aquella manera que mas conplida mente puede
ſer dicho o eſcripto o notado o entendido a prouecho deuos (38) el
dicho moſen beltran enla manera que dicha es Et ſobreſto mandamos 2 defendemos que ninguno nin algunos non ſean oſados deuos
yr nin paſar contra eſte nueſtro preuillegio por uos lo quebrantar
omenguar en ninguna coſa en algunt tienpo por ninguna manera
Sinon qual quier o quales quier quelo fizieſen avrian (39) la nueſtra
yra 2 demas pechar nos yan en pena mill doblas de oro caſtellanas
acada vno et toda vegada que contra ello fueſe opaſaſe 2 auos el
dicho moſen beltran o aquien vueſtra boz touieſe todos los dannos 2
menoſcabos que por ende Reçibieſedes doblado Et deſto vos mandamos (40) dar eſte nueſtro preuillegio Rodado 2 ſeellado con nueſtro
Seello de plomo colgado enque eſcriuimos nueſtro nonbre. Dado eſte
preuillegio enla muy noble çibdat de Seuilla quatro dias de mayo era
de mill 2 quatroçientos 2 ſiete annos.

<table><tr><td>Nos El Rey</td><td>Yo la rreyna.</td></tr></table>

El noble Infante don IUAN fijo del muy alto 2 muy Noble 2 muy
poderoſo 2 bien auenturado Rey don Enrrique primero heredero eslos
Regnos de caſtiella 2 de leon . . . . Confirma
Don Tello conde De vizcaya hermano del Rey 2 ſu alferez
mayor . . . . Confirma
Don ſancho Conde de alborqueque hermano del Rey ſennor de
haro 2 de ledeſma. . . . . Confirma
Don alfonſo fijo del infante don pedro de aragon marques de villena
conde de Ribagorça 2 de denia vaſallo del Rey . . . . . Confirma
Don Alfonſo fijo del Rey ſennor de Norenna . . . . Confirma

(Première colonne de droite.)

Don Rodrigo arçobispo de ſantiago . . . . conf.
Don domingo obiſpo de burgos . . . . conf.
Don gutierre obiſpo de palençia . . . . conf.

Don Ruberto obi∫po de calahorra. . . . . conf.
Don lorenço obi∫po de o∫ma . . . . conf.
Don iohan obi∫po de ∫iguença. . . . . conf.
Don bernat çafont obi∫po de cuenca. . . . . conf.
Don martin obi∫po de ∫egouia. . . . . conf.
Don alfon∫o obi∫po de auila . . . . conf.
Don frey iohan guerra obi∫po de plaçençia. . . . . . conf.
Don andres obi∫po de cordoua . . . . conf.
Don Nicolas obi∫po de jahen . . . . conf.
Don Nicolas obi∫po de cartagena . . . . conf.
Don frey gonçalo obi∫po de cadiz 2 algezira . . . . . conf.
Don gonçalo mexia mae∫tre dela orden dela caualleria de ∫an-
tiago . . . . conf.
Don pero monniz mae∫tre dela orden de calatraua . . . conf.
Don melen ∫uarez mae∫tre de alcantara. . . . . . . conf.
El prioradgo de ∫ant iohan de acre . . . . conf.

Pero manrrique adelantado mayor de ca∫tiella . . . . conf.

(Deuxième colonne de droite.)

Don iohan ∫anchez manuel conde de Carrion . . . . . conf.
Don felipe de ca∫tro va∫allo Del Rey. . . . . conf.
Don iohan Ramirez de arellano fennor delos cameros va∫allo del
Rey . . . . conf.
Don pero boyl fennor de huepte 2 de boyl va∫allo del Rey . conf.
Don iohan martinez de luna va∫allo del Rey . . . . . conf.
Don Ramon ∫anchez fennor de a∫i[ain] va∫allo del Rey . . conf.
Don iohan alfon∫o de haro. . . . . conf.
Don iohan Rodriguez de villalobos . . . . conf.
Don garci ferrandes manrrique . . . . conf.
Don Ruy gonçales de çi∫neros . . . . conf.
Don beltran de gueuara . . . . conf.
Don garçi aluares de toledo fennor de valde corneja. . . conf.

fernant peres de ayala adelantado mayor del Regno de murçia. conf.

(Colonne de la roue.)

Don gomez arçobi∫po de toledo primado delas e∫pannas chançeller
mayor del Rey . . . . conf.

(Dans la roue.)

† SIGNO DEL REY DON ENRIQUE † DONTELLOCONDEVIZCAYAALFEREZMAYOR DELREYCONFIRMA : DONALUARGARCIA DEALBORNOZ MAYOR DOMO MAYOR DELREY CONFIRMA.

(Sous la roue.)

iohan Nunnez de villazan iuſtiçia mayor de caſa del Rey .   conf.
Miçer [ambroſio de bocan]egra almirante mayor dela mar .   conf.
D. . . . . notario mayor de
caſtiella vaſallo del Rey . . . .   conf.
[Diego gomez] de toledo notario mayor del Regno de toledo.   conf.

(Première colonne de gauche.)

El arcobiſpado de Seuilla . . . .   vaga.
Don frey pedro obiſpo de leon . . . .   conf.
Don ſancho obiſpo de ouiedo . . . .   conf.
Don fernando obiſpo de Aſtorga . . . .   conf.
Don alfonſo obiſpo de çamora . . . .   conf.
Don alfonſo obiſpo de ſalamanca . . . .   conf.
Don iohan obiſpo de çibdade . . . .   conf.
Don frey diego obiſpo de coria . . . .   conf.
Don iohan obiſpo de badajoz . . . .   conf.
Don iohan obiſpo de tuy . . . .   conf.
Don frey alfonſo obiſpo de lugo . . . .   conf.
La Egleſia de Orens . . . .   vaga.
La Egleſia de mondonedo . . . .   vaga.

Pero Suares de quinnones adelantado mayor de tierra de leon 2 de
aſturias . . . .   conf.
Pero Ruyz ſarmiento adelantado mayor de gallizia . . .   conf.

(Deuxième colonne de gauche.)

Don iohan fiio del noble don fadrique maeſtre que fue de ſantiago . . . .   conf.

Don iohan alfonſo de guzman Conde de Niebla . . . . . *conf.*
Don *pero* ponçe de leon. . . . . *conf.*
Don alfonſo *peres* de guzman. . . . . *conf.*
Don *martin* ferandes de guzman. . . . . *conf.*
Don diego lopes de çifuentes . . . . *conf.*

Don alfonſo *ferrandes* de *monte* mayor adelantado mayor dela
fron*iera* . . . . *conf.*

NOTES BIOGRAPHIQUES.

I. *Les princes.*

Nos el Rey. — D. Enrique, fils d'Alphonse XI et de Dª Leonor de
Guzman, né le 13 janvier 1333, en même temps que son frère Fadrique.
Aussitôt après sa naissance, il fut adopté par Don Rodrigalvarez de Asturias, seigneur de Noroña (*Crónica de D. Alfonso XI,* ch. 128), qui mourut peu après. (*Ibidem,* ch. 137.) Il porta pendant le règne de son frère
le titre de comte de Trastamara qui lui avait été légué par son père
adoptif. Proclamé roi à Calahorra en mars 1366, il succéda à son frère
en mars 1369 et mourut du 29 au 30 mai 1379, à l'âge de quarante-six
ans et cinq mois. (Ayala, *Crónica de D. Enrique II,* ann. 1379, ch. 3.)
Yo la rreyna. — Dª Juana Manuel, fille de l'infant D. Juan Manuel,
prince de Villena, et de Dª Blanca de Lara y de la Cerda. Née en 1339,
elle fut mariée en 1350 à Henri, comte de Trastamara. En 1361, à la
mort de sa nièce Dª Blanca, fille de son frère D. Fernando Manuel, elle
hérita de tous les fiefs paternels; elle hérita également, par suite de la
mort violente de ses cousines Dª Juana et Dª Isabel de Lara, des maisons de Lara et de Biscaye, dont Henri II, en 1366, disposa en faveur
de son frère D. Tello. Elle mourut à Salamanque le 27 mars 1381.
(L. de Salazar, *Casa de Lara,* III, 221, et Florez, *Rsynas catholicas,*
p. 654.) Son sceau a été reproduit par L. de Salazar, *Casa de Lara.
Pruebas,* p. 652, et aussi (fort mal) dans le *Catálogo* de Miró, nº 42.
Don Juan. — Fils de Henri II et de Dª Juana Manuel, né à Epila en
Aragon le vendredi 24 août 1358, proclamé roi à Santo Domingo de la
Calzada le lundi 30 mai 1379, mort d'une chute de cheval à Alcalá de
Henares le dimanche 9 octobre 1390.
Don Tello. — Voir plus bas les confirmants de la roue.
Don Sancho. — Fils cadet d'Alphonse XI et de Dª Leonor de Guz-
man, né entre 1341 et 1345. En 1356, on le conduisit en Aragon pour le

mettre à l'abri des menaces de Pierre le Cruel. (Ayala, *Crónica de D. Pedro*, ann. 1356, ch. 2.) En 1366, lors de son couronnement, Henri II lui donna tous les biens laissés par le fameux favori d'Alphonse XI, D. Juan Alfonso, seigneur d'Alburquerque, et par Dª Isabel de Meneses sa femme, et lui ordonna de prendre le titre de comte d'Alburquerque; il lui donna en outre Ledesma, Haro et d'autres fiefs. (Ayala, *Ibid.*, ann. 1366, ch. 7.) Il épousa Dª Beatriz de Portugal, fille de Pierre et d'Ines de Castro, dont il eut Urraca, mariée plus tard à Ferdinand Iᵉʳ d'Aragon. Voulant à Burgos, en 1374, apaiser une querelle de gens d'armes, il y fut tué entre le 19 et le 22 février. (Voir Ayala, *Crónica de D. Enrique II*, ann. 1374, ch. 2, et une lettre du roi à la ville de Murcie, du 22 février 1374, dans les *Adiciones* à la chronique, p. 57.)

Don Alfonso. — Fils de l'infant D. Pedro d'Aragon, comte d'Ampurias, Ribagorza et Pradés, et petit-fils de Jacques II d'Aragon. Il porte ici les seuls titres de comte de Ribagorza qu'il tenait de son père, et de marquis de Villena que lui octroya Henri II en 1366, « quoique l'état de Villena appartint à la reine Dª Juana. » (Ayala, *Crónica de D. Pedro*, ann. 1366, ch. 7.) Antérieurement, il possédait déjà le comté de Denia. (Voir les privilèges de D. Pedro Manrique et de Gonzalo Mexia, où il confirme sous le nom de marquis de Villena, comte de Ribagorza et de Denia). Le titre de *vassal du roi* lui est donné en sa qualité de prince étranger. Outre l'importante mercède du marquisat de Villena, il dut encore à la faveur de Jean Iᵉʳ d'être créé connétable de Castille. (Voir le privilège de la création du premier connétable de Castille dans les *Adiciones* à la *Crónica de Juan I*, p. 147.) Sous le règne de Henri III, il perdit le marquisat de Villena, mais, en revanche, Martin Iᵉʳ d'Aragon, en 1399, le créa duc de Gandia. Il mourut le 5 mars 1412. (*Adiciones* à la *Crónica de Enrique III*, p. 256, et Luis de Salazar, *Advertencias históricas*, p. 78.)

Don Alfonso. — Fils naturel de Henri II et d'Elvira Iñiguez de Vega. (*Testament de Henri II*, § 17.) Le roi lui donna les fiefs de Gijon et Noroña avec le titre de comte. Il est appelé ici et ailleurs comte de *Noreña*, forme du nom qui vient de *Norueña*, qu'on trouve fréquemment dans les textes de l'époque (par exemple dans Ayala, *Crónica de D. Juan I*, ann. 1383, ch. 7, et *Crónica de Enrique III*, ann. 1394, ch. 28). Il épousa en 1377 Isabelle, fille naturelle de Ferdinand Iᵉʳ de Portugal. Ce prince eut toutes sortes de démêlés avec son père, puis avec Jean Iᵉʳ et Henri III, qui motivèrent à deux reprises la confiscation de ses biens. En 1394, le différend fut soumis à l'arbitrage de Charles VI, qui ne voulut pas décider arbitralement la question, mais refusa tout secours au prince. Celui-ci vint s'établir à Marans, dans la Charente-Inférieure (*en un logar cerca de la Rochela, que dicen Mariant, que era de la vizcondesa de Toares*; voir Ayala, *Crónica de Enrique III*, ann. 1395, ch. 9), où sa femme le rejoignit en 1395 et où ils finirent leurs jours. (Indépen-

damment des chroniques d'Ayala où il est souvent parlé de D. Alfonso,
voir Florez, *Reynas catholicas*, art. Elvira Iñiguez et G. Daumet, *Étude
sur l'alliance de la France et de la Castille*, p. 62 à 64 et p. 194 et suiv.)

II. *Les trois archevêques.*

Don Rodrigo, arçobispo de Santiago. — D. Rodrigo de Moscoso, fils de
Lope Perez, seigneur de Moscoso, et de Dª Mayor de Novoa, frère puiné
de Fernan Sanchez, seigneur de Moscoso, souche des comtes d'Alta-
mira. (L. de Salazar, *Casa de Lara*, I, 286.) D. Rodrigo fut archevêque
de Compostelle de 1367 à 1382.

Don Gomez, arçobispo de Toledo. — D. Gomez Manrique, fils de D. Pedro
Manrique, deuxième du nom, quatrième seigneur d'Amusco, fut arché-
vêque de Santiago dès 1350 environ et grand notaire du royaume de
Leon, puis en 1360 archevêque de Tolède et grand chancelier. Il mourut le 19 décembre 1375. (L. de Salazar, *Casa da Lara*, I, 324 à 327.)

El arçobispado de Sevilla vaga. — Le siège de Séville demeura
vacant entre D. Alonso de Toledo y Vargas, augustin mendiant, promu
de l'évêché d'Osma à l'archevêché de Séville en 1363 († à Séville le
27 décembre 1366), et son successeur D. Pedro Gomez Alvarez de
Albornoz, promu de l'évêché de Lisbonne à l'archevêché de Séville en
juin 1369. D. Pedro, fils de D. Fernan Gomez de Albornoz, comman-
deur de Montalban, et neveu du fameux cardinal Gil de Albornoz, fut
créé à son tour cardinal en 1371 et mourut probablement à Avignon
en juin ou juillet 1374. Cet Albornoz est l'auteur du *Mémorial* cité à la
page 145. (Ortiz de Zuñiga, *Anales de Sevilla*, éd. de 1795, t. II, p. 170 et
185, et Eubel.)

III. *Évêques castillans et maîtres des ordres militaires.*

Don Domingo, obispo de Burgos. — D. Domingo de Arroyuelo, évêque
de Burgos de 1366 à 1383 environ. (*España sagrada*, XXVI, 358, et
Eubel.)

Don Gutierre, obispo de Palençia. — D. Gutierre Gomez de Luna,
évêque de Palencia de 1357 à..., promu cardinal en 1381, mort à Avignon en janvier 1391. (Eubel.)

Don Roberto, obispo de Calahorra. — Robert Le Cocq, évêque de Laon
de 1351 à 1362, puis évêque de Calahorra de 1362 à 1372. (*Gallia chris-
tiana*, IX, 548; Eubel.)

Don Lorenço, obispo de Osma. — D. Lorenzo Perez, évêque d'Osma
de 1361 à 1367. Le successeur de Lorenzo Perez se trouvait en Italie et
ne prit possession du siège qu'en 1369. Voir Juan Loperraez, *Descrip-
cion del obispado de Osma*, t. I, p. 304, qui cite un privilège de Henri II
à la ville de Palencia, du 2 mars 1367, d'où résulte que le siège de cet

évêché se trouvait à cette date déjà vacant ; d'autre part, il trouve dans un autre privilège accordé à D. Alvar Garcia de Albornoz, du 22 avril 1369, la confirmation de Don Lorenzo : il en conclut que la chancellerie s'est trompée.

Don Johan, obispo de Siguença. — D. Juan Garcia Manrique, fils cadet de D. Garci Fernandez Manrique, cinquième seigneur d'Amusco, évêque de Siguenza de 1369 à 1379. Mort à Coïmbre en 1416. (Diego Sanchez Portocarrero, *Nuevo catálogo de los obispos de Siguenza*, Madrid, 1646, p. 44, et L. de Salazar, *Casa de Lara*, I, 349 à 372.)

Don Bernat Çafont, obispo de Cuenca. — D. Bernat Zafont, évêque de Cuenca de 1362 à 1372. (Eubel.)

Don Martin, obispo de Segovia. — D. Martin Cande, évêque de Ségovie de 1364 à 1370. (Eubel.)

Don Alfonso, obispo de Avila. — D. Alfonso, évêque de Carthagène de 1349 à 1361, évêque d'Avila de 1361 à 1371. (Eubel.)

Don frey Johan Guerra, obispo de Plaçençia. — D. Fr. Juan Guerra, dominicain, évêque de Plasencia de 1364 à 1372. (Eubel.)

Don Andrés, obispo de Cordoua. — D. Andrés Perez Navarro, évêque de Cordoue de 1363 à 1372. (Eubel.)

Don Nicolas, obispo de Jahen. — D. Nicolas de Biedma, évêque de Jaen de 1368 à 1378 et une seconde fois de 1382 à 1383. Mort le 7 mars 1383. (Martin de Ximena, *Catálogo de los obispos de Jaen*, Madrid, 1654, p. 342 et 358.)

Don Nicolas, obispo de Cartagena. — D. Nicolas de Aguilar, évêque de Carthagène de 1361 à 1372. (Eubel.)

Don frey Gonçalo, obispo de Cadis e Algezira. — D. Fr. Gonzalo Gonzalez, franciscain, évêque de Cadix et d'Algecira de 1364 à 1381. (Eubel.)

Don Gonçalo Mexia. — Fils de D. Gonzalo et de Dª Isabel Tafur, nommé maître de l'ordre de Saint-Jacques à la place de D. Garci Alvarez de Toledo, auquel furent données comme compensation les seigneuries de Val de Corneja et Oropesa. (Ayala, *Crónica*, ann. 1366, ch. 8.) Il épousa Dª Elvira de Guzman et mourut le 15 août 1370. (L. de Salazar, *Advertencias históricas*, p. 170, et A. de Morales, *Opusculos*, II, 27.)

Don Pero Monnis. — Don Pero Moñiz de Godoy, fils de D. Nuño Moñiz de Godoy et de Dª Elvira Diaz Tafur, maître d'Alcantara au nom de Henri II en 1366, puis, en 1367, de Calatrava, à la place de D. Martin Lopez de Cordova, qui l'était au nom de Pierre Iᵉʳ. En 1371, il coopéra à la prise de Carmona et à l'exécution de son compétiteur, D. Martin Lopez, qui s'était retranché dans l'alcazar de cette ville et qui, après la capitulation, fut brûlé. Godoy resta maître de Calatrava jusqu'en 1384, puis fut promu à la maîtrise de l'ordre de Saint-Jacques ; il assista à la bataille d'Aljubarrota (14 août 1385) et mourut peu après à Valverde, où les Portugais, commandés par le connétable Nuño Alvarez Pereira, défirent encore les Castillans. (Argote de Molina, *Nobleza del Andaluzia,* fol. 247 ; Alonso de Torres, *Coronica de la orden de Alcan-tara,* II, 100 et suiv., et Ayala, *Crónica de Juan I,* ann. 1385, ch. 18.)

Don Melen Suarez. — Élu maître d'Alcantara en 1369; il appartenait à la famille Sotomayor. Il abandonna, pour des motifs ignorés, le service de son roi et passa à celui du roi de Portugal; il fut déposé en 1371. (Alonso de Torres, *Coronica de la orden de Alcantara,* II, 124 et suiv.)

El prioradgo de sant Johan. — Le 26 janvier 1367, comme l'indique le privilège de Henri II à l'église de Ségovie, le prieur de Saint-Jean était D. Frei Gomez Perez de Porres, qui possédait en même temps la charge de grand *adelantado* de Galice. Par Ayala, nous savons qu'il assista à la bataille de Nágera (*Crónica de D. Pedro,* ann. 1367, ch. 3 et 4) et qu'après la défaite il se retira dans les Asturies. (*Ibid.,* ann. 1367, ch. 28.) Lorsque fut donné notre privilège, le prieuré, à en juger par l'expression *el prioradgo de San Juan,* devait être vacant.

IV. *Les riches-hommes castillans.*

Don Johan Sanchez Manuel. — Le premier des confirmants de la deuxième colonne, peut-être à cause de sa parenté avec la reine. Fils de D. Sancho Manuel, *ricohombre* et *adelantado* de Murcie, lequel était fils illégitime de l'infant Manuel, et par conséquent frère de l'infant D. Juan Manuel, ledit D. Juan Sanchez se trouvait être cousin germain de la reine, qui reconnaissait fort bien cette parenté, comme en fait foi une lettre adressée à la ville de Murcie, où elle nomme D. Juan Sanchez *mi primo.* (*Adiciones á las notas de la Crónica de D. Enrique II,* p. 45.) Aussitôt après sa rentrée en Castille, Henri II transféra à ce parent le comté de Carrion, donné en 1366 à Hugues de Caverley et que celui-ci avait perdu après Nágera; mais il ne borna pas à cela ses faveurs. Sur la demande de la reine, il pourvut D. Juan Sanchez de la charge considérable *d'adelantado* de Murcie, dont la patente fut expédiée à Tolède le 11 juin 1369. (*Adiciones,* etc., p. 45, et, pour la généalogie, L. de Salazar, *Casa de Lara,* III, 484.) Il fut enterré dans la chapelle principale fondée par lui de la cathédrale d'Alcaraz, *ciudad* de la province d'Albacete. (Lopez de Haro, *Nobiliario de los reyes y titulos de España,* I, 44.)

Don Felipe de Castro. — Quatrième du nom, seigneur de la baronnie de Castro, de Peralta, Medina de Rioseco, Paredes de Nava, etc., *ricohombre,* marié à Dª Juana, sœur du roi Henri II. Ce fut ce roi qui lui donna en Castille les seigneuries de Medina de Rioseco, Paredes de Nava et Tordehumos. (Ayala, *Crónica de D. Pedro,* ann. 1367, ch. 3.) D. Felipe de Castro descendait d'un fils naturel de Jacques Iᵉʳ d'Aragon, appelé Fernan Sanchez, auquel ce souverain donna la ville de Castro en fief; il n'appartenait donc pas à la grande famille castillane-

galicienne de Castro, dont les armes sont d'argent à six besants d'azur :
lui portait au 1 et 4 d'Aragon et au 2 et 3 d'argent à une étoile de
gueules. (Argote de Molina, *Nobleza del Andalusia*, fol. 112 v° et 115 v°.)
Il fut tué en 1371 par ses vassaux de Paredes de Nava, auxquels il
demandait des subsides. (Ayala, *Crónica de D. Enrique II*, ann. 1374,
ch. 5.) Il laissa une fille, Dª Leonor, que le roi Henri II, en échange
d'une dot de dix mille doubles d'or, dépouilla des fiefs castillans qu'il
donna à son fils D. Fadrique, duc de Benavente. Après la mort de
cette Leonor, les fiefs aragonais de Castro et Peralta passèrent à sa
tante Dª Aldonza, mariée à Bernaldo Galceran de Pinós. (Zurita,
Anales de Aragon, livre X, ch. 12.)

Don Johan Ramirez de Arellano. — D. Juan Ramirez ou Remirez de
Arellano, surnommé *el Noble*, premier seigneur d'Arellano, grand
chambrier du roi Charles II de Navarre. Entré au service de Henri II
en 1366, il assista à Burgos au couronnement de ce roi, qui, le 18 avril
de la même année, lui donna la seigneurie de los Cameros possédée
auparavant par Juan Alonso de Haro et ses frères. Il fit son testament
à Soria le 29 octobre 1385. (L. de Salazar, *Casa de Lara*, I, 375 à 379.)

Don Pero Boyl. — D. Pero Boyl, seigneur de Huete et de Boyl.
Encore un *vasallo del rey*, c'est-à-dire un Aragonais, qui servit d'abord
son roi, Pierre IV d'Aragon, comme D. Felipe de Castro. Il prit part
notamment à l'expédition de Sardaigne de 1353 et s'y comporta si bien
que la chronique de Pierre IV (p. 313 de l'édition de Barcelone, 1850)
dit que le roi l'appela « le chevalier sans peur : » *per ço lo apellam lo
cavaller sens pahor* (non pas *el cavallero sin par*, comme écrit Salazar
de Mendoza, *Origen de las dignidades seglares*, fol. 112). Il passa au service du roi Henri II (Ayala, *Crónica de D. Pedro*, ann. 1367, ch. 12, et
la note), qui lui donna en fief la ville de Huete (province de Cuenca),
où, au xviiª siècle, on voyait encore ses armes (un bœuf) sur les piliers
du marché. (Salazar de Mendoza, *Ibid.*)

Don Johan Martinez Luna. — Fils aîné d'un autre D. Juan Martinez
de Luna, seigneur d'Illueca et de Gotor en Aragon, D. Juan II succéda
à son père en 1352 et passa au service du bâtard. Après Nágera, il
sauva presque la vie du roi en lui donnant asile dans sa ville d'Illueca
et en favorisant sa retraite en France par les *ports* de Jaca. (Ayala,
Crónica de D. Pedro, ann. 1367, ch. 14.) Pour le récompenser, Henri II,
après sa rentrée en Castille, lui donna les fiefs de Jubera, Alfaro, Cor-
nago (prov. de Logroño) et Cañete (prov. de Cuenca), et aussi la charge
de grand maître.) Frère du pape Pedro de Luna et grand-père du
fameux connétable Alvaro de Luna, D. Juan Martinez mourut le 12 septembre 1383, comme l'indique son épitaphe à Calatayud. (José Pellicer,
Informe de la casa de Sarmiento, Madrid, 1663, fol. 81.)

Don Ramir Sanchez, señor de Astain. — Le nom de la seigneurie est
en partie effacé dans le privilège, mais on peut, sinon restituer sûre-

ment la forme même du nom, au moins identifier le personnage. Le diplôme de Pierre Le Besgue de Villaines, où les noms sont extraordinairement altérés, porte *Don Ramil Sanchez de Aseo*; d'autre part, dans un document du 2 janvier 1379 cité par D. Angel Casimiro de Govantes, *Diccionario geográfico-histórico de España, seccion II*, art. *Ocon*, l'on trouve *Ramir Sanchez de Assien*; il s'agit donc bien d'Asiain en Navarre, district jud. de Pampelune. Ce document de 1379 est une donation de la ville d'Ocon à Diego Gomez Manrique, grand *repostero* du prince Jean, fils de Henri II, où il est dit que cette seigneurie avait été donnée antérieurement à Ramir Sanchez de Assien, qui, malgré qu'il fût, dit le roi, « nuestro vasallo y nuestro natural é habiendo recebido de nos mucha mercet, » a passé au roi de Navarre et a servi ce dernier contre le roi de Castille. Dans le cours de cette même année 1379, D. Ramir Sanchez eut aussi maille à partir avec le roi de Navarre, qui fit détruire la tour d'Asiain et le fit assiéger à Tafalla, où il s'était retranché avec ses fidèles. Pris et livré au roi, celui-ci le fit décapiter au mois de janvier 1380. (José Yanguas y Miranda, *Diccionario de antiguedades del reino de Navarra*, art. *Asiain*.)

Don Johan Alfonso de Haro. — Ce personnage est-il le D. Juan Alfonso de Haro qui vint rejoindre Henri II, en 1367, à Calahorra? (Ayala, *Crónica de D. Pedro*, ann. 1367, ch. 34.) D'autre part, le même Ayala (*Crónica de D. Enrique II*, ann. 1375, ch. 2, note) parle d'un D. Juan Alfonso de Haro, seigneur d'Ocon (ville de la prov. de Logroño), prisonnier à Lara, qui fut amené à Soria et auquel le roi pardonna, à la demande de D. Pedro Fernandez de Velasco et de D. Juan Ramirez de Arellano, et qui mourut peu de temps après. Ces deux Haro sont-ils identiques et doit-on reconnaître dans ce D. Juan Alfonso le dernier seigneur de los Cameros de la maison de Haro? La seigneurie d'Ocon (prov. de Logroño, district jud. d'Arnedo) fut donnée par Henri II le 2 janvier 1379 à Diego Gomez Manrique, grand *repostero* de l'infant D. Juan. (Govantes, *Diccionario geográfico-histórico de España, seccion II*, art. *Ocon*.)

Don Juan Rodriguez de Villalobos. — Fils aîné de D. Rodrigo Perez de Villalobos, ricohombre, seigneur de la Gaya, Matamorisca, etc. Il succéda à son père et vivait encore en 1398. (L. de Salazar, *Casa de Lara*, III, 456.)

Don Fernan Ruyz de Villalobos. — Fils aîné d'un autre D. Fernan, seigneur de la maison de Villalobos, mort vers 1350, et d'Inès de la Cerda, fille de D. Alfonso; D. Fernan II succéda à son père et vivait encore en 1370. (L. de Salazar, *Casa de Lara*, III, 448.)

Don Garci Ferrandez Manrique. — D. Garci Fernandez Manrique de Lara, troisième du nom, fils de D. Garci Fernandez, deuxième du nom, cinquième seigneur d'Amusco, et de sa seconde femme Dª Teresa Vazquez de Toledo; il mourut avant 1381. (L. de Salazar, *Casa de Lara*, I, 477 à 479.)

Don Ruy Gonçalez de Cisneros. — D. Ruy Gonzalez de Cisneros, deuxième du nom, seigneur de la maison de Cisneros, fils aîné de D. Juan Rodriguez de Cisneros, ricohombre, *guarda mayor del cuerpo* du roi Pierre Ier et grand *merino* de Leon et des Asturies. Il fut tué en 1371 au siège de Carmona, comme nous l'apprend son épitaphe, et laissa un fils dont procéderait, suivant certains généalogistes, la branche du cardinal Francisco Ximenez de Cisneros. (L. de Salazar, *Casa de Lara*, I, 412, et III, 496, et Suarez de Alarcon, *Relaciones genealógicas de la casa de los marqueses de Trocifal*, Madrid, 1656, p. 176.)

Don Beltran de Guevara. — D. Beltran de Guevara, ricohombre, seigneur de la maison de Guevara, de Oñate et de Valle de Leniz. Mort en 1395. (Suarez de Alarcon, *Relaciones genealógicas de la casa de los marqueses de Trocifal*, Madrid, 1656, p. 188.) En 1371, Henri II le chargea d'une mission en Biscaye. (Additions à la *Crónica de Enrique II*, p. 54.)

Don Garci Alvarez de Toledo. — Maître de Santiago de 1359 à 1366. Lorsque Henri II entra à Tolède en 1366, le maître commandait la ville au nom de Pierre; il fut contraint de la livrer au prétendant, qui l'obligea alors à renoncer à la maîtrise et lui donna en compensation les seigneuries de Valdecorneja et Oropesa et 50,000 maravédis en terre. (Ayala, *Crónica de D. Pedro*, ann. 1366, ch. 8.) Il devint plus tard grand maître de la reine Dª Juana et mourut à Salamanque en 1370 d'une blessure reçue au siège de Ciudad Rodrigo. (*Catálogo de las vitrinas del palacio de Liria*, p. 9.)

V. *Les grands officiers de la roue.*

Don Tello. — D. Tello, fils cadet d'Alfonse XI et de Leonor de Guzman, né avant 1341. En 1353, il épousa Dª Juana de Lara, dame de Biscaye, assassinée en 1359 par ordre de Pierre le Cruel. D. Tello, qui s'était retiré en France, revint en Espagne et se serait reconcilié avec le roi, si D. Enrique ne l'en avait empêché en l'appelant auprès de lui. En 1366, il prit part à la campagne du prétendant, qui, au moment de son couronnement, l'institua héritier du comté de Biscaye et de la seigneurie de Lara, comme veuf de Dª Juana de Lara et malgré les droits de la reine; il lui donna en outre la seigneurie de Castañeda. D. Tello mourut sans héritier légitime le 15 octobre 1370, empoisonné à ce qu'on a prétendu. (Ayala, *Crónica de D. Enrique II*, ann. 1370, ch. 6.) Après sa mort, la Biscaye fut incorporée à la couronne. (L. de Salazar, *Casa de Lara*, I, 493, 525; III, 212.)

Don Alvar Garcia de Albornoz. — D. Alvar Garcia de Albornoz, surnommé el Viejo pour le distinguer d'un de ses fils, cinquième seigneur d'Albornoz, de Moya, d'Utiel, de Torralva et Beteta, frère aîné du fameux cardinal Gil de Albornoz, fut chargé en 1352, avec l'évêque Juan Sanchez de las Roelas, de se rendre en France pour conclure le mariage de Pierre Ier avec Blanche de Bourbon. (L. de Salazar, *Casa de Lara*, I, 201; du même, *Advertencias históricas*, p. 81; et G. Daumet, *Étude sur l'alliance de la France et de la Castille au XIVe et au XVe siècle*, Paris, 1898, p. 21, 22 et 162.) Créé en 1353 grand échanson (*copero major*) par Pierre Ier, il devint en 1366 grand maître de Henri II, — et c'est pourquoi son nom figure dans la roue avec celui du grand *alferez*, — et mourut le 28 juin 1374, comme l'indique son épitaphe publiée par Juan Pablo Martyr Rizo, *Historia de Cuenca*, Madrid, 1629, p. 119. Le *Catálogo de manuscritos españoles* de Miró cite sous le n° 37 un privilège roué de Henri II, daté de Séville, 2 avril 1369, qui donne à D. Alvar Garcia la ville d'Utiel. Ce privilège, dont l'original se trouvait autrefois dans les archives de la maison de l'Infantado, est cité par Salazar, mais avec la date du 22 avril 1369. (Voir la notice biographique sur cet Albornoz dans L. de Salazar, *Casa de Lara*, III, 371 à 373.)

VI. *Évêques léonais.*

Don frey Pedro, obispo de Leon. — Fr. Pedro, franciscain, évêque de Leon de 1357 à 1371. (*España sagrada*, XXXVI, 28.)

Don Sancho, obispo de Oviedo. — D. Sancho, évêque d'Oviedo de 1346 à 1369. (*España sagrada*, XXXVIII, 236.)

Don Fernando, obispo de Astorga. — D. Fernando, évêque d'Astorga de 1362 à 1370. (*España sagrada*, XVI, 261.)

Don Alfonso, obispo de Çamora. — D. Alfonso de Valencia, qu'une épitaphe qualifie de « petit-fils de l'infant D. Juan, seigneur de Valencia, et d'arrière-petit-fils du roi Sancho de Castille. » (Gil Gonzalez Davila, II, 404.) Cette épitaphe, que cite aussi, sans s'apercevoir de la contradiction qu'elle contient, D. Cesáreo Fernandez Duro (*Memorias históricas de la ciudad de Zamora*, t. I, p. 565), est fort suspecte. En effet, D. Alfonso, fils puîné d'un autre D. Alfonso, seigneur de Valencia et grand maître de Ferdinand IV († 1315), petit-fils de l'infant D. Juan, seigneur de Valencia (nommée à cause de lui Valencia de Don Juan), qui mourut le 26 juin 1319 (voir L. de Salazar, *Casa de Lara*, I, 589), se trouvait être l'arrière-petit-fils, non pas de Sancho, frère de son grand-père, mais d'Alphonse X. D. Alfonso occupa le siège de Zamora depuis 1355. Eubel cite son successeur D. Martin à partir de 1363, tandis que Gonzalez Davila le fait vivre jusqu'en 1367.

Don Alfonso, obispo de Salamanca. — D. Alfonso, évêque de Salamanque de 1364 à 1375. (Eubel.)

Don Johan, obispo de Çibdade. — Point de D. Juan, évêque de Ciudad Rodrigo, pour notre époque, dans les listes très douteuses de Gams et d'Eubel.

Don frey Diego, obispo de Coria. — Fr. Diego, franciscain, évêque de Coria de 1368 à 1371. (Eubel.)

Don Johan, obispo de Badajoz. — D. Juan Garcia Palomeque, évêque de Badajoz de 1354 à 1373. (Eubel.)

Don Johan, obispo de Tuy. — D. Juan de Castro, évêque de Tuy de 1351 à 1384. (*España sagrada*, XXII, 181.)

Don frey Alfonso, obispo de Lugo. — Risco (*España sagrada*, XLI, 122) conteste l'existence de cet Alfonso; il n'admet qu'un Fr. Pedro, dominicain, pour la période de 1350 à 1390; pourtant il concède qu'on pourrait croire à « una providencia particular » de Henri II, en faveur d'un Alfonso, déterminée par l'opiniâtre attachement de Fr. Pedro au parti de Pierre Ier.

La eglesia de Orens. — L'évêque d'Orense D. Juan Garcia Manrique, fils de l'*adelantado* Garcia Fernandez Manrique, élu en 1368, se trouvait à Rome à l'époque de la publication de notre privilège. (Florez, *España sagrada*, XVII, 131.) C'est peut-être pour cela que l'évêché est ici désigné comme vacant.

La eglesia de Mondoñedo. — Florez n'admet pas de vacance du siège qu'il fait occuper par un Francisco de 1367 à 1393. (*España sagrada*, XVIII, 179.)

VII. *Riches-hommes léonais.*

Don Johan. — Voir plus haut, p. 11.

Don Johan Alfonso de Guzman. — Né le 20 décembre 1340, ce Guzman succéda à son frère D. Alfonso († 1365) dans la seigneurie de San Lucar. Il épousa en premières noces Dª Juana Enriquez, fille de D. Fadrique, frère du roi, et fut créé comte de Niebla en 1369. (Ayala, *Crónica de D. Pedro*, ann. 1369, ch. 1.) En secondes noces, il épousa Dª Beatriz, fille naturelle de Henri II, et mourut le 5 octobre 1396. (Testament de Henri II, à la suite de la *Crónica de Enrique II*, p. 44, et Imhof, *Genealogiae viginti in Hispania familiarum*, p. 111.)

Don Pero Ponce de Leon. — Quatrième seigneur de Marchena, frère de D. Juan Ponce de Leon, troisième seigneur de la même ville. On trouve son nom parmi les confirmants de privilèges depuis l'année 1360 jusqu'à 1391. En cette même année, il assista à Pinto au mariage du roi Jean Ier et de l'infante Béatrice de Portugal. (Argote de Molina, *Nobleza del Andalusia*, fol. 161 vº, et Salazar de Mendoza, *Cronico de la casa de los Ponces de Leon*, Tolède, 1620, fol. 90 et suiv.)

Don Alfonso Perez de Gusman. — Fils de D. Alvaro Perez et de Dª Urraca Alfonso de Portugal, fille d'un fils naturel du roi Denis, fut, après la mort de son frère aîné, D. Alvaro, seigneur d'Olvera et de Gibraleon et grand *alguasil* de Séville. (Ayala, *Crónica de D. Enrique II*, ann. 1371, ch. 6, et Imhof, *Genealogiae viginti in Hispania familiarum*, p. 103.)

Don Martin Fernandez de Gusman. — Neveu du précédent et fils de

D. Pedro Nuñez de Guzman, seigneur d'Orgaz par sa femme. Il fut à son tour seigneur d'Orgaz et vivait encore le 28 janvier 1375. (Imhof, *Genealogiae, etc.*, p. 108, et L. de Salazar, *Advertencias históricas*, p. 309.)

Don Diego Lopez de Cifuentes. — Je ne saurais identifier ce personnage. Était-il parent de la Dᵃ Juana de Cifuentes, maîtresse de Henri II, dont parle quelques généalogistes? (Voir Florez, *Reynas Catholicas*, art. Juana de Cifuentes.)

VIII. *Les grands officiers du bas des colonnes.*

Pero Manrrique. — D. Pedro Manrique de Lara, troisième du nom, sixième seigneur d'Amusco, fils de D. Garci Fernandez Manrique, deuxième du nom, cinquième seigneur d'Amusco, et de Dᵃ Urraca de Leiva. Fut grand *adelantado* de Castille à partir de 1363, à la place de son père, mort en 1362. D. Pedro mourut à Palencia en 1381. (L. de Salazar, *Casa de Lara*, I, 403 à 412.)

Fernant Perez de Ayala. — *Ricohombre*, seigneur de la maison d'Ayala, grand *adelantado* de Murcie et grand *merino* de Guipuzcoa. Après la mort de sa femme, en 1372, il entra en religion et prit l'habit de saint Dominique au monastère de Quijana, qu'il avait édifié, et où il mourut en 1385 à l'âge de quatre-vingts ans. (Suarez de Alarcon, *Relaciones genealógicas de la casa de los marqueses de Trocifal*, Madrid, 1656, p. 186.) La charge d'*adelantado* de Murcie lui fut retirée en juin 1369 et fut donnée au comte de Carrion. (*Adiciones* à la *Crónica* de Henri II, p. 45.)

Juan Nuñez de Villazan. — Grand justicier de la maison du Roi. Ce personnage, sur lequel on paraît savoir peu de chose, vivait encore en 1374. Les archives de la maison d'Albe possèdent un diplôme de Henri II, donnant à Juan Nuñez de Villazan « la aldea de Matiella de Arzon en tierra de Leon, cerca de Benavente, » et daté de Tolède, le 8 novembre 1374. (*Catálogo de las vitrinas del palacio de Liria*, p. 235.) L. de Salazar (*Advertencias históricas*, p. 197) nous apprend qu'il possédait en outre les villages de Castrillo et Sariñana, dont hérita sa fille Isabel Nuñez, femme de Juan Alvarez Osorio. Villazan passe pour avoir écrit la chronique d'Alphonse XI. (L. de Salazar, *Ibid.*, p. 156 et 197.)

Miçer Ambrosio Bocanegra. — Miser Ambrosio Bocanegra, de la famille génoise des Boccanera établie en Espagne. Fils aîné de Gil Bocanegra, qui, en 1341, passa du service de France à celui de Castille et reçut d'Alphonse XI la charge de grand amiral et la seigneurie de Palma, Ambrosio fut deuxième seigneur de Palma, et, comme son père (assassiné par ordre de Pierre Iᵉʳ en 1367), grand amiral. Il prit parti pour Henri de Trastamara, assista à Nágera et accompagna le roi fugitif en France. En 1371, il gagna une bataille navale, en vue de la Rochelle, sur le comte de Pembroke, qui lui valut la reconnaissance de son roi et la ville de Linares. Il mourut en 1373, après avoir remporté divers succès dans la campagne de Portugal. (L. de Salazar, *Catálogo historial genealógico de los señores y condes de Fernanuñez,* Madrid, 1682, p. 43.)

Le grand notaire de Castille. — Le nom de ce grand officier, illisible dans l'original, ne peut être restitué sûrement. Les documents contemporains, de même que Salazar de Mendoza (*Dignidades,* fol. 44 v°), ne connaissent que deux grands notaires de Castille pour le règne de Henri II : Diego Lopez Pacheco et Juan Rodriguez de Torquemada. A la rigueur, dans notre pièce, l'on pourrait retrouver le nom de Pacheco ; mais ce personnage n'est pas qualifié, dans les autres privilèges, de *vasallo del Rey,* il ne peut donc pas être identifié avec celui que nous avons ici.

Diego Gomez, notario mayor del Regno de Toledo. — Diego Gomez de Toledo, seigneur de Casa-Rubios de Valdepusa, grand alcalde de Tolède et grand notaire du royaume de Tolède, marié à Dª Inés de Ayala. (L. de Salazar, *Casa de Lara,* II, 543.) Sous le règne de Pierre Ier, outre la charge de grand notaire, il eut encore celle de *guarda mayor del cuerpo* dudit roi, comme en témoigne un privilège de l'an 1352. (*Catálogo de las vitrinas del palacio de Liria,* p. 230.)

Pero Suarez de Quiñones. — Ce grand *adelantado* de Leon et des Asturies épousa Dª Leonor de Acuña y Portugal, fille de D. Martin Vazquez de Acuña et de la comtesse Dª Beatriz de Portugal. (Suarez de Alarcon, *Relaciones genealógicas de la casa de los marqueses de Trocifal,* Madrid, 1656, p. 34.)

Pero Ruys Sarmiento. — Fils cadet de Diego Perez Sarmiento et de Maria de Velasco. Henri II lui donna la charge de grand *adelantado* de Galice où il succéda à Don Frey Gomez de Porres, qui l'avait encore le 20 février 1367. Créé grand maréchal en 1382, il mourut de la peste devant Lisbonne en 1384. (José Pellicier, *Informe del origen de la casa de Sarmiento,* Madrid, 1663, p. 37 et suiv.)

Don Alfonso Ferrandez de Montemayor. — Fils aîné de Martin Alfonso, fut sixième seigneur de Dos-Hermanas, Albendin et Montemayor, grand alcalde de Cordoue et, par privilège de Henri II, grand *adelantado* de la frontière. Le roi Jean Ier lui donna la seigneurie d'Alcaudete. Il épousa Juana Martinez de Leiva. (L. de Salazar, *Advertencias históricas,* p. 179.)

Nogent-le-Rotrou, imprimerie DAUPELEY-GOUVERNEUR.